A SA MAJESTÉ

NAPOLÉON III

A SA MAJESTÉ
NAPOLÉON III

EMPEREUR DES FRANÇAIS

PAR

Jean-Joseph Cistac-Tristan

BORDEAUX

IMPRIMERIE COMMERCIALE AUG. BORD

24, RUE DE GRASSI, 24

1866

A SA MAJESTÉ NAPOLÉON III, EMPEREUR

Sire !

Lorsque, sur les débris des révolutions, la volonté nationale s'exprimant avec éclat, a de nouveau sur le pavois élevé votre auguste dynastie, la France s'est sentie libre, heureuse et fière, car elle a vu revivre en vous et pour elle les grands principes régénérateurs et sociaux, éclos à l'aurore du 14 juillet 89.

Avant de ceindre la couronne impériale, selon le vœu du peuple, vous étiez le représentant naturel de la nation, au point de vue de ses plus légitimes aspirations, et c'est ce qui explique, d'une part, le prodigieux élan des populations vers l'urne d'où a jailli le vote universel du 2 décembre, et d'autre part, la gloire immense qui a couronné le front de l'Elu du peuple français.

Des raisons plus puissantes encore, ou du moins aussi saisissantes, légitimaient le vœu de notre nation. Les mœurs et les opinions d'un pays ont un troisième terme qui, dans l'échelle d'une arithmétique transcendante, correspond aux deux premiers. La loi qui est la suprême relation des choses entre elles, suivant la définition d'un de nos plus grand légistes, a, par la succession de ses théorèmes sociaux et de leurs corollaires, un rapport constant avec les mœurs et les divers courants d'opinion qui circulent dans un temps donné.

Or, pour ceux qui se sont livrés à l'étude approfondie des sources du droit, il était visible qu'en sondant les profondeurs de notre législation, où celle des vieux Romains a laissé tant de traces ineffaçables, le système représentatif, tel que le conçoivent les Anglais, sous l'influence de leur droit coutumier, ne pouvait être l'idéal de la nation française. Ce système mixte n'était pas de nature à se plier aux exigences du génie gallo-romain, si vivace dans nos contrées, et tellement implanté dans notre législation, que la dynastie déchue n'avait pas osé toucher à la moindre de ses branches dans la vaste codification du *Bulletin des Lois* de Napoléon Ier.

Dès 1815, on soupçonnait sans doute vaguement, dans les hauteurs du pouvoir, qu'un souffle nouveau régnait dans toutes les parties de cette immense législation;

représentant naturel de la nation, au point de vue de ses plus légitimes aspirations, et c'est ce qui explique, d'une part, le prodigieux élan des populations vers l'urne d'où a jailli le vote universel du 2 décembre, et d'autre part, la gloire immense qui a couronné le front de l'Elu du peuple français.

Des raisons plus puissantes encore, ou du moins aussi saisissantes, légitimaient le vœu de notre nation. Les mœurs et les opinions d'un pays ont un troisième terme qui, dans l'échelle d'une arithmétique transcendante, correspond aux deux premiers. La loi qui est la suprême relation des choses entre elles, suivant la définition d'un de nos plus grand légistes, a, par la succession de ses théorèmes sociaux et de leurs corollaires, un rapport constant avec les mœurs et les divers courants d'opinion qui circulent dans un temps donné.

Or, pour ceux qui se sont livrés à l'étude approfondie des sources du droit, il était visible qu'en sondant les profondeurs de notre législation, où celle des vieux Romains a laissé tant de traces ineffaçables, le système représentatif, tel que le conçoivent les Anglais, sous l'influence de leur droit coutumier, ne pouvait être l'idéal de la nation française. Ce système mixte n'était pas de nature à se plier aux exigences du génie gallo-romain, si vivace dans nos contrées, et tellement implanté dans notre législation, que la dynastie déchue n'avait pas osé toucher à la moindre de ses branches dans la vaste codification du *Bulletin des Lois* de Napoléon Ier.

Dès 1815, on soupçonnait sans doute vaguement, dans les hauteurs du pouvoir, qu'un souffle nouveau régnait dans toutes les parties de cette immense législation;

mais parmi les partisans de la Restauration, combien peu se rendaient compte de la véritable situation des choses et des esprits !

L'ambassadeur de Russie, M. Pozzo di Borgo, dans un célèbre rapport adressé au czar Alexandre, s'exprimait ainsi : « Il semble que les craintes universelles qu'avait excitées l'administration des Bourbons, avant leur départ, se sont renouvelées depuis leur retour, et qu'elles sont devenues même beaucoup plus vives. La manière violente dont s'est opéré leur rétablissement, les désastres qui en ont été la suite, les calamités de toute espèce qu'ont essuyées les habitants de la moitié de la malheureuse France, la suite de l'invasion des armées étrangères sont loin d'avoir concilié à ces princes l'amour du peuple français ; et l'état auquel la France a été réduite par le traité de paix, l'occupation militaire du territoire, la privation de ses colonies, la ruine de ses fabriques et de ses manufactures, et, par suite de tout cela, l'anéantissement de son commerce et de son industrie, n'ont pas contribué davantage à leur conquérir les cœurs. Les actes de leur administration, depuis qu'ils sont rétablis, ne paraissent pas propres non plus à réunir en un seul faisceau les divers éléments du corps social brisé par les révolutions, et permettent peu d'espérer que leur gouvernement prenne de la consistance et de la stabilité. »

Dans un autre passage de son rapport, le diplomate russe continue en ces termes :

« Bonaparte était parvenu à calmer les factions, à rapprocher les partis, à se rendre maître de tout; mais, abstraction faite de l'ascendant qu'il s'était acquis sur la nation par des services rendus et par sa prodigieuse réputation militaire, Bonaparte sut poursuivre avec habilité, une persévérance et une fermeté sans égales l'objet qu'il s'était proposé, tandis que les Bourbons ne savent mettre dans leurs actes ni la force, ni la suite, ni l'unité indispensable pour atteindre le même but. »

M. Pozzo di Borgo, concluait ainsi : « Si malheureusement les grandes puissances alliées ne restaient pas unies pendant un laps de temps assez considérable, si le choc de leurs intérêts venait à les diviser, on verrait infailliblement la pauvre France tomber encore dans les convulsions révolutionnaires qui la déchirent depuis un quart de siècle, et, dans ce cas, la *Maison de Bourbon se verrait forcée de descendre une troisième fois du trône.* Tel est l'avis d'un grand homme d'Etat, de lord Casterheagt, qui écrivit à Votre Majesté, le 8 août dernier. »

Ces pronostics se sont réalisés. Mais à cinquante ans de distance, qui ne s'aperçoit que l'uniformité de vues, signalée dans ce rapport et dont faisait preuve l'Empereur, n'avait pas d'autres causes que les profondes racines qu'il avait plongées dans le sol en y semant de nouvelles institutions, auxquelles était absolument étrangère l'ancienne dynastie?

La démocratie impériale était, du reste, si fortement empreinte sur tous les monuments de la législation qui découle de 89, qu'il eût fallu, il y a dix-huit ans, chose impossible, que l'état d'anarchie de 1848 se prolongeât pendant quarante ou cinquante années pour faire table rase de tout notre édifice législatif et en anéantir les derniers vestiges. Un tel crime n'a pu se consommer.

Le génie de la nation, Sire, veillait sur votre destinée et sur sa fortune; et lorsqu'il a vu qu'on essayait de porter une main téméraire sur l'œuvre de nos pères, arrosée de leur sang sur les champs de bataille de l'Europe et consacrée par Dieu même, il vous a noblement pris par la main et vous a dit : Défends l'ouvrage du vainqueur d'Austerlitz.

Vous avez tenu parole à la nation, Sire; vous avez fait plus encore, dans l'accomplissement de vos grandes destinées.

Mais pour rentrer dans la série de mes déductions, je dois ajouter de nouvelles observations inspirées par le sentiment de la vérité.

Une preuve éclatante que le système représentatif tel qu'il ressort de l'examen attentif des bases de la constitution anglaise répugne à l'esprit et aux habitudes de notre nation, c'est que les fondements et les divers rouages du mécanisme administratif de la Grande-Bretagne et de la France n'ont aucune analogie.

La grande administration française, création du génie et chef-d'œuvre du fondateur de votre glorieuse dynastie a une vie qui lui est propre, une physionomie exceptionnelle, un ensemble grandiose et ne correspond par aucune de ses faces, vous le savez mieux que moi, Sire, aux traditions administratives encore en vigueur au-delà du détroit.

Les principes qui ont présidé à la formation et au développement des deux nations n'étant pas les mêmes, il était naturel que leurs gouvernements n'eussent aucun point de ressemblance, puisque déjà leurs systèmes administratifs étaient si dissemblables.

L'une, l'Angleterre, fidèle à son passé et à son esprit éminemment traditionnel, a conservé ses divisions territoriales qui sont aujourd'hui à peu près les mêmes que sous le règne d'Alfred-le-Grand, en 866. A cette même époque, en France, Robert-le-Fort, duc de l'île de France, triomphait des Normands à la bataille de Brisserte où il perdit la vie. Que de chemin nous avons parcouru depuis le partage de l'empire de Charlemagne !

La Grande-Bretagne a maintenu également l'organisation de son Parlement, et quoique sous Cromwell la révolution lui eût imprimé quelques secousses violentes, il n'est pas moins vrai de dire qu'elle a su néanmoins renouer la chaîne de ses traditions et retrouver son assiette parlementaire, qui est de nos jours la condition indispensable du *self government*.

Les institutions locales de l'Angleterre, découlant de l'ensemble de son existence traditionnelle, des principes de sa législation, de ses coutumes, de ses usages particuliers, ont été enfin religieusement respectées, et l'on a pu dire avec raison qu'elles semblent une émanation du sol de la Grande-Bretagne, tellement en ont été empreints à toutes les époques les peuples qui l'ont habitée.

Ce qu'on ne saurait cependant oublier sans passer sous silence un des traits principaux de la physionomie particulière aux institutions d'outre-Manche, c'est le caractère propre au maintien de l'intégrité de son aristocratie. La liberté inhérente aux droits de succession, la liberté de tester en un mot, donne la faculté de conserver intact un patrimoine, en faisant retomber sur une seule tête les titres et la responsabilité des majorats. La loi de l'égalité de partage en fait de succession, n'étant pas admise, l'aristocratie a pu se perpétuer et se perpétuera indéfiniment, tant que dureront les prescriptions législatives qui en sont la meilleure sauvegarde.

En France, l'égalité de partage appliquée au régime des successions, a tué du même coup la noblesse et le grand propriétaire, et le morcellement de la propriété a achevé de déraciner les restes de la féodalité.

Sous l'influence des idées qui ont fait, en 89, une si magnifique explosion, la nation française a non-seulement modifié les principes qui étaient les fondements les plus assurés de l'ancienne monarchie, mais elle a aussi changé les autres conditions de sa vitalité ; elle a complètement bouleversé ses divisions territoriales et, par suite, tous les engrenages et rouages de son système administratif.

Ainsi, au régime du privilége, elle a fait succéder l'égalité qui est la justice pour tous; au droit divin, elle a fait succéder le droit de la souveraineté nationale; elle a divisé son territoire en départements, en abandonnant les vieilles dénominations provinciales; elle a imprimé le sceau de l'uniformité à toutes les branches des services publics, et porté l'organisation administrative à un haut degré de perfection, par la centralisation de toutes les forces sociales.

La France unifiée, l'Angleterre encore divisée; l'une abolissant les généralités et les intendances, l'autre conservant scrupuleusement son ancienne organisation administrative; l'une appelant les forces vives de la nation à son foyer central, l'autre maintenant les coutumes provinciales et laissant les comtés s'administrer par un simple juge de paix, il était évident, pour des yeux non prévenus, que les deux nations ne pouvaient suivre la même route gouvernementale.

Un gouvernement suit la loi de son administration. Tant vaut l'administration, tant vaut le gouvernement, sommet du système administratif.

Ces vérités, Sire, nul autre que vous n'est plus à même d'en apprécier la portée et d'en déduire les rigoureuses conséquences; mais daignez permettre à l'un de vos plus fidèles serviteurs de vous faire remarquer combien il est étrange que nos théoriciens parlementaires de l'école doctrinaire aient osé méconnaître l'étendue de ces vérités, que le simple bon sens découvre, et qu'ils aient pu concevoir l'étrange idée de façonner nos institutions sur le modèle de celles qui fleurissent dans la Grande-Bretagne. Pouvait-on à ce point fermer les yeux à l'évidence et oublier la profonde ligne de démarcation qui sépare les deux systèmes administratifs de la France et de l'Angleterre, comme les habitudes et le génie des deux peuples ?

Notre instinct national ne s'est point mépris aussi gravement sur les conditions de stabilité des deux gouvernements. Aussi, quand le terrain des fictions politiques créées par les régimes déchus a été déblayé, on a retrouvé intacts les fondements du système impérial inauguré par la main du génie. La Providence, gardienne des destinées de la nation dont la mission civilisatrice est une sorte de délégation divine, vous a appelé, Sire, à bâtir sur ces fondements une constitution immortelle ; et plus sage que les sages de l'antiquité, plus législateur que les Solon, les Lycurgue et les Justinien ; plus habile que les politiques les plus renommés, vous avez su ouvrir une large voie sans la fermer. En d'autres termes, vous n'avez pas cru comme la plupart des auteurs des diverses constitutions, que la vôtre eût déjà le sceau de la perfection ; vous avez laissé au temps le soin de faire son œuvre, de découvrir les améliorations susceptibles d'être introduites dans le cadre de nos institutions, et c'est incontestablement la marque d'un esprit sage, d'avoir compris qu'une constitution essentiellement perfectible ne peut être que l'œuvre du temps.

Loin de moi la prétentieuse ambition de jeter dans le moule si solide de notre constitution la moindre pensée d'altération et d'innovation. Il ne faut pas toucher à l'œuvre du génie et ce n'est qu'en tremblant que j'ose ouvrir la bouche sur ce grand sujet de vos incessantes méditations.

Mais à n'être que le modeste écho d'un des grands penseurs de l'Angleterre, Stuart-Mill, je ne saurais encourir le risque d'avoir l'audace d'un pygmée, en face d'un géant. Sans trop de témérité, je puis donc signaler à Votre Majesté l'étude si remarquable du célèbre économiste anglais, sur une nouvelle classification des éléments qui concourent à la mise en pratique du suffrage universel, modifié et divisé par groupes de situations.

Sans doute le savant publiciste propose plusieurs combinaisons à peu près impraticables, dont le but est de trouver les moyens de représenter dans les assemblées la totalité des citoyens, les majorités aussi bien que les minorités ; mais n'y aurait-il pas une idée féconde et susceptible de réalisation, dans la pensée de reproduire dans le corps électoral les différences qui existent au sein de la nation, de le fonder sur un juste équilibre des positions réelles, et d'établir de grandes divisions électorales correspondant à ces positions ?

Les divers groupes des intérêts matériels et moraux ne sont-ils pas tous tracés, suivant le vœu de Stuart-Mill? Les grands intérêts producteurs et consommateurs ne fractionnent-ils pas déjà l'ensemble de la nation?

Les intérêts commerciaux, industriels, agricoles, intellectuels et ouvriers ne sont-ils pas des classifications existantes, des cadres tout faits, précis et distincts qui subsistent et subsisteront incessamment en représentant les forces actives et harmoniques du pays?

Ces divisions n'offriraient pas assurément les inconvénients attachés autrefois à la fiction du pays légal, et c'est pourquoi on pourrait, Sire, les proposer à vos hautes méditations comme susceptibles d'être introduites dans la sphère du suffrage universel.

Sans s'arrêter aux difficultés de détail, dignes d'être étudiées avec soin par des hommes spéciaux, ne pourrait-on pas affirmer à Votre Majesté qu'un pays serait plus utilement représenté, si chacun de ces groupes dont nous parlons était appelé à choisir ses mandataires sur la présentation des candidats par le gouvernement, afin de reproduire la parfaite image de la nation?

Par respect, Sire, pour la haute initiative de Votre Majesté, je ne dois pas pousser plus loin ces quelques observations qui peuvent germer dans votre intelligence ; aussi n'insisterai-je pas davantage à cet égard.

Quelles que soient mon humilité et mon incompétence en ces graves matières, savamment élucidées par Stuart-Mill, je crois pouvoir ajouter avec le publiciste de la Grande-Bretagne, sans admettre la possibilité de son vote plural, que les intérêts séparément groupés devant l'urne électorale, seraient de nature à fortifier l'organisation du suffrage universel.

Quoi qu'il en soit à ce sujet, je dois me confier à la haute sagesse de Votre Majesté, qui a donné tant de gages de son incessante sollicitude pour les grands intérêts du pays, qui a attaché son nom à une rénovation commerciale en arborant l'étendard de la liberté du commerce, et qui, encore aujourd'hui, poursuit la noble tâche de donner satisfaction aux intérêts agricoles par les bienfaits d'une enquête. Sans faire ici la longue énumération de toutes les améliorations et des diverses créations dues à la haute prévoyance impériale, on peut, sans crainte d'être démenti par l'histoire, certifier qu'aucun souverain, en France et en Europe, ne s'est autant préoccupé que Votre Majesté, d'assurer le bien-être des populations.

Si, à l'intérieur, vous n'avez été ainsi inspiré que par votre sagesse et par votre haute expérience, cette même sagesse et cette même expérience, Sire, ne vous ont pas fait défaut dans les actes de votre diplomatie et de votre politique extérieure. Ici et là, la même lumière a projeté les mêmes rayons.

Vous avez noblement porté le nom français au-delà des mers, et le drapeau tricolore a pu flotter avec orgueil sur les tours de la capitale la plus ancienne du globe, dans la ville principale de l'Empire du milieu. Renouvelant les exploits fabuleux des cycles légendaires, une poignée de Français a conquis un empire, et notre expédition de Cochinchine a obtenu également d'excellents résultats, en créant de nouveaux débouchés au commerce de circumnavigation. Notre expédition du Mexique n'a pas été moins importante, soit à cause des grandes vues politiques qui s'y rattachent, soit par l'extension de nos relations commerciales, précédemment impossibles avec ces riches contrées.

Que dirai-je maintenant, Sire, de votre œuvre politique en Europe, sinon qu'elle a pour jamais anéanti les infâmes traités de 1815? Gloire à vous dans la postérité la plus reculée pour avoir si dignement vengé nos pères et l'honneur du pays!

La guerre de Crimée, entreprise dans un but d'équilibre européen, nous avait déjà consolés de nos désastres de 1812; mais la guerre d'Italie n'a-t-elle pas eu des conséquences aussi glorieuses, puisqu'elle a porté le dernier coup à l'esprit de la féodalité ? Le canon de Solferino résonnera longtemps dans les lointains de l'histoire !

La cession de la Vénétie, qui a eu lieu dans vos mains, comme cela devait être, a été l'accomplissement du dernier article de votre programme libérateur, et, selon votre noble parole, l'Italie est devenue libre des Alpes à l'Adriatique. La cession de Venise est le complément de cette politique d'affranchissement des nationalités qui est inscrite sur notre drapeau.

Aujourd'hui, les triomphes récents de la Prusse, la dispersion des éléments qui composaient en Allemagne une vaste confédération, et la formation d'une nouvelle confédération obéissant à l'impulsion de Berlin, appellent, on le sait, vos plus sérieuses méditations.

Dans un langage aussi élevé que resplendissant de patriotisme, déjà l'un des ministres de Votre Majesté a développé cette pensée : que les peuples tendent aujourd'hui à former de grandes agglomérations, et que la France n'a rien à redouter d'un tel état de choses.

Non, sans doute, ce ne sont pas les peuples de l'Europe que nous avons à craindre. Ces agglomérations, qui ne sont au fond que des tendances vers l'unité de l'Europe, ne peuvent nous inspirer aucune inquiétude. Les peuples aujourd'hui fraternisent avec les peuples, et ils ont depuis longtemps appris à connaître la générosité de nos élans, les sympathies qui nous attachent à toutes les nobles causes et l'énergie de nos actes. Je le redirai donc avec une entière conviction, ce ne sont pas les peuples que nous avons à craindre.

S'asseyant à nos côtés au banquet de la solidarité des intérêts, prenant part, comme nous, aux luttes pacifiques des grandes expositions universelles, désintéressés enfin dans les diverses complications des chancelleries et dans les conflits diplomatiques, les peuples n'aspirent qu'à la paix, car ils savent trop bien qu'en dernière analyse, au sortir d'une guerre, les vainqueurs sont quelquefois autant maltraités que les vaincus.

Non, répèterons-nous, avec une ardente conviction, non, nous n'avons rien à craindre des peuples.

Les grandes agglomérations dont on nous parle, sont évidemment un signe des temps, et, au point de vue politique, il n'est pas malaisé d'en comprendre la signification. Les peuples ont sans doute intérêt à se grouper suivant le caractère de leurs races, de leurs nationalités ; et cette cohésion presque formidable n'offre aucun danger pour personne, tant qu'elle se borne à un rapprochement d'intérêts. Ces agglomérations ne seraient une menace que s'il était prouvé qu'elles n'ont lieu qu'en conformité d'un programme politique tracé d'avance par des mains habiles ; qu'elles ne sont qu'un prétexte à des agrandissements territoriaux pouvant être réclamés ultérieurement, et qu'en définitive on veut se servir des peuples pour les armer contre les peuples. Cette politique oppressive, essentiellement rétrograde, n'est pas celle des populations qui avoisinent la France. Nous n'avons rien à craindre des peuples.

Les agglomérations territoriales ne sont rien, au surplus, si elles sont uniquement le produit d'une occupation militaire. Quatre piquets plantés en terre ne suffisent pas pour modifier un système de frontières et la situation des nationalités. Le vœu des populations, ainsi que Votre Majesté a daigné le formuler maintes fois, le vœu des populations doit être pris en considération. Que seraient, en effet, des annexions qui ne seraient pas librement consenties par les peuples? Ce ne serait qu'un poids inutile forgé par la main de l'oppression et pouvant se changer, dans un moment donné, en un instrument de révolte, en arme de rébellion.

Mais, si l'assentiment des populations constitue la légitimité des agglomérations, qui ne voit qu'au-dessus de la solidarité des intérêts matériels plane le concert universel des idées et des grands principes sociaux, dont nous avons été les intrépides propagateurs depuis notre immortelle révolution ?

Conséquemment, il y a lieu de le proclamer bien haut : les grandes agglomérations de principes, d'idées et de lumières civilisatrices priment les agglomérations de terroirs. Les premières peuvent protéger les secondes; mais celles-ci n'ont qu'une force apparente lorsque leur sphère d'activité se meut en dehors du concours des autres.

Or, quelles plus rayonnantes agglomérations de lumières que celles qui jaillissent du cœur et de l'intelligence de notre France ? A son vaste foyer viennent s'alimenter les esprits et se nourrir toutes les gloires. A tous nos trésors de science, d'art et d'industrie viennent puiser les étrangers; à nos lumières bienfaisantes ils viennent s'éclairer, et lorsqu'un grand principe social fait explosion, il illumine de ses clartés tous les horisons de l'Europe.

Sous l'égide de cette maternité sainte des idées, la France ne saurait rien appréhender contre son repos, de la part des peuples qui sont plus ou moins soumis à son influence civilisatrice et que votre auguste sagesse, Sire, a presque rattachés à nos destinées, dans l'orbite de la paix.

Mais si les peuples sont avec nous, avons-nous le droit d'en dire autant de l'esprit de ceux qui sur les flots de la politique dirigent les nefs royales de l'Europe? Ayons pleine confiance dans les sympathies des peuples, mais ayons l'œil ouvert sur les projets des souverains qui font encore du droit divin un fétichisme hors de page; bien qu'ils soient plus intéressés que d'autres au maintien de l'équilibre des forces européennes.

Tel est apparemment le sens des conclusions auxquelles s'arrête la remarquable et dernière circulaire de l'honorable ministre intérimaire des affaires étrangères, qui a été si vivement applaudie en France et à l'étranger.

S'inspirant des pensées toujours si élevées de Votre Majesté, le noble langage du ministre est un écho retentissant de politique extérieure et intérieure, et à ce titre il a dû être chaudement acclamé par nos populations méridionales, au milieu desquelles vous venez trouver le repos et des heures de quiétude, sur le rivage de Biarritz.

Si, comme vous l'avez dit vous-même, Sire, « tout sacrifier à la patrie est le premier devoir, » quand la situation le commande impérieusement, nous sommes heureux de répéter avec vous, suprême représentant des idées de nos pères : « comme la démocratie confiante et pas-
« sionnée croit toujours ses intérêts mieux
« représentés par un seul que par un corps
« politique, elle est sans cesse disposée à
« remettre son avenir à celui qui s'élève
« par son mérite au-dessus des autres. »

Vous avez été, Sire, cet homme prédestiné, vous, le plus grand entre les grands administrateurs, vous, le plus illustre et le plus sage de nos législateurs!!

www.ingramcontent.com/pod-product-compliance
Lightning Source LLC
Chambersburg PA
CBHW061012050426
42453CB00009B/1385